まちごとチャイナ

Hebei 006 Baoding

保定

直隷総督ゆかり「気品ある古都」

Asia City Guide Production

【白地図】保定と華北

CHINA
河北省

保定と華北

Baoding 白地図

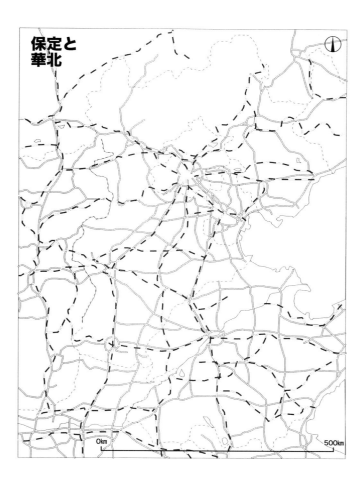

【白地図】保定

CHINA
河北省

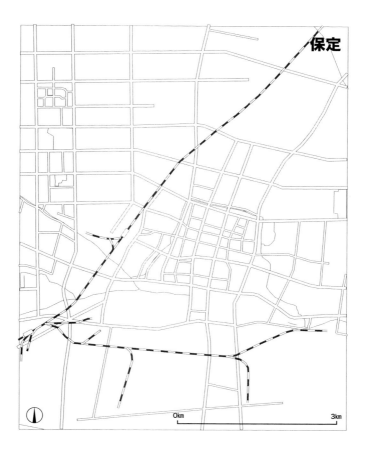

【白地図】保定中心

CHINA
河北省

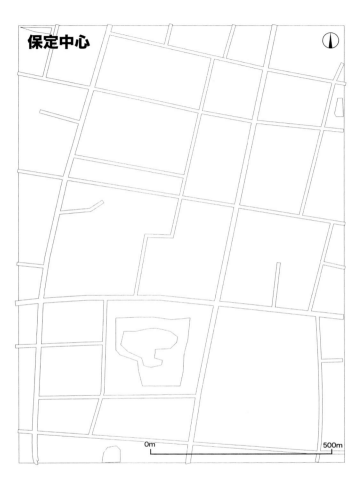

【白地図】古蓮花池

河北省 / CHINA

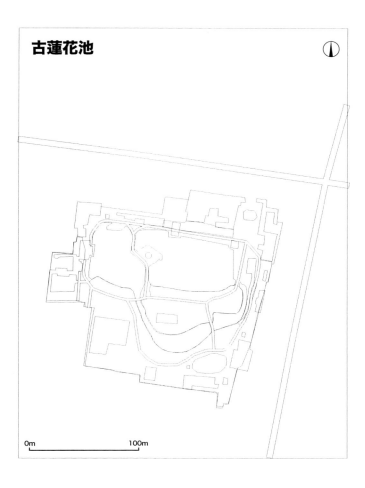

【白地図】直隷総督署

CHINA
河北省

直隷総督署

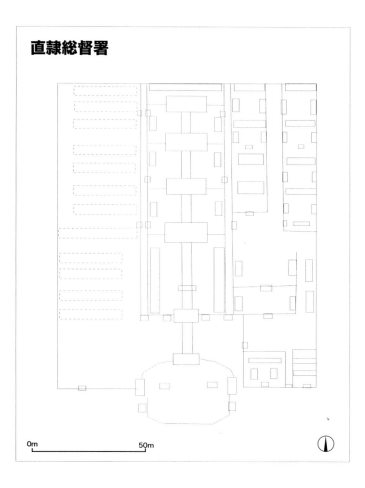

【白地図】保定旧城

CHINA
河北省

保定旧城

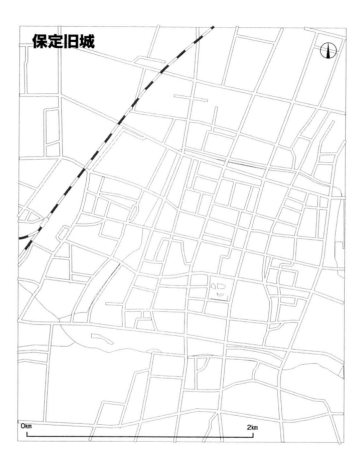

Baoding 白地図

【白地図】保定新市街

CHINA
河北省

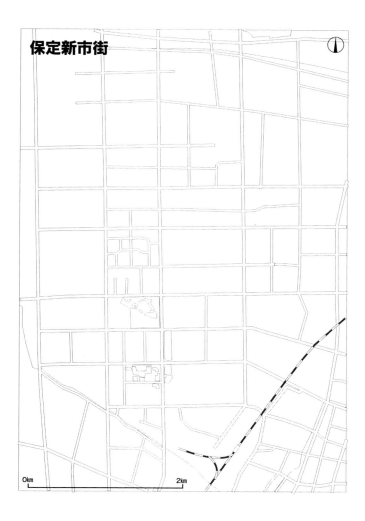

保定新市街　Baoding　白地図

【白地図】万城漢墓

CHINA
河北省

万城漢墓

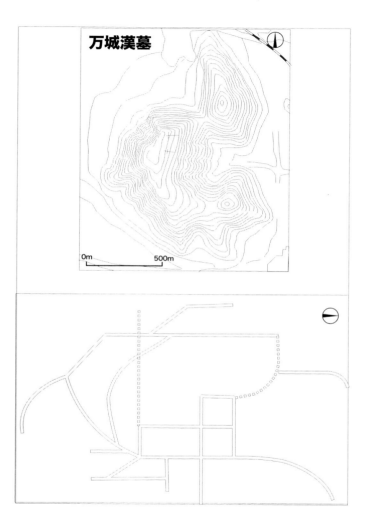

Baoding 白地図

【白地図】保定と清西陵

CHINA
河北省

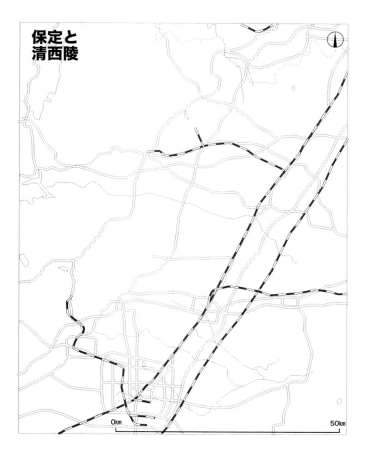

保定と清西陵

Baoding 白地図

【白地図】清西陵

CHINA
河北省

清西陵

易県と清西陵

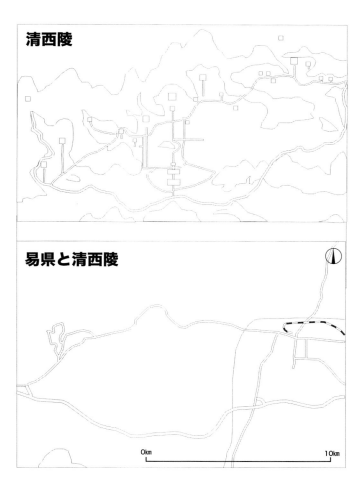

Baoding 白地図

【白地図】涿州

CHINA
河北省

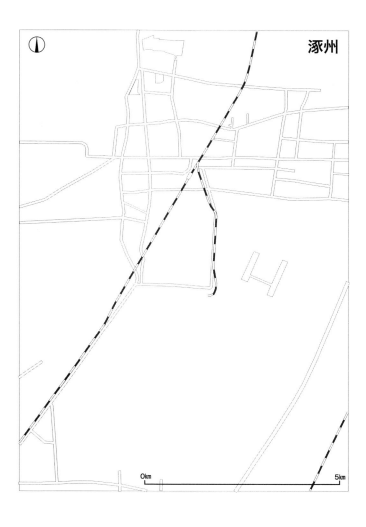

涿州

Baoding 白地図

【白地図】保定郊外

CHINA
河北省

保定郊外

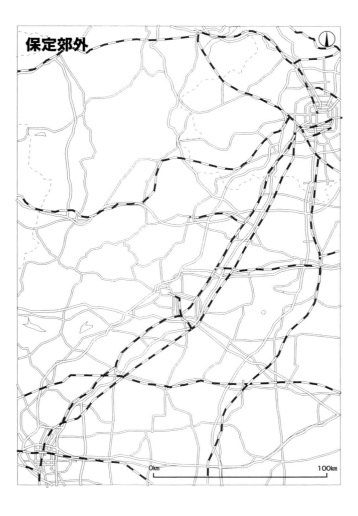

Baoding 白地図

【まちごとチャイナ】
河北省 001 はじめての河北省
河北省 002 石家荘
河北省 003 秦皇島
河北省 004 承徳
河北省 005 張家口
河北省 006 保定
河北省 007 邯鄲

CHINA
河北省

　　京から南西に140km、河北省のちょうど中央部に位置する保定。清朝（1616〜1912年）時代、北京の皇帝を支えて政務をとる直隷総督の治所があり、新中国設立後も、石家荘に遷る1968年まで河北省の省都だった。

　隋代の598年に清苑県がおかれてから、保定は「清苑」の名で知られ、北宋（960〜1127年）時代には遼との国境上の軍事要塞となった（燕雲十六州は北方の遼に割譲されていた）。またモンゴルによって首都北京から華北平原、江南をのぞむ保定が注目され、元代の1227年に現在の街や古蓮花池も築か

保定
Bao Ding
保定 Bǎo dìng バオディン

れている。

　この保定が最高の繁栄を迎えるのは清代で、北京の周囲をとり囲む直隷省の省都となり、曽国藩、李鴻章、袁世凱といった有力者が拠点としていた。こうした経緯から保定は河北省有数の学問、文化の伝統をもつ街と知られ、清朝皇帝の眠る清西陵や三国志ゆかりの涿州への足がかりにもなっている。

【まちごとチャイナ】

河北省 006 保定

目次

保定	xxvi
保定は北京の南大門	xxxii
保定中心城市案内	xli
近代中国と直隷総督	lxiv
保定旧城城市案内	lxxi
新市街城市案内	lxxxv
満城漢墓鑑賞案内	xci
清西陵鑑賞案内	ciii
易県城市案内	cxxv
涿州城市案内	cxxxiv
保定郊外城市案内	cxl
城市のうつりかわり	cxlviii

【MEMO】

【地図】保定と華北

CHINA
河北省

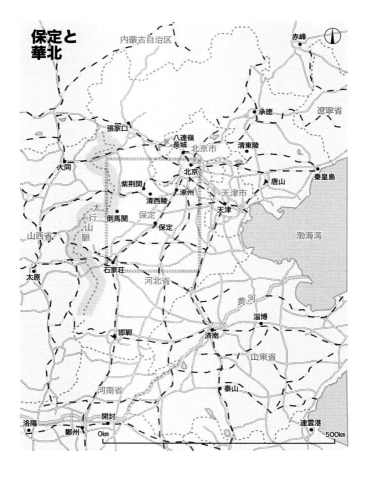

保定は北京の南大門

CHINA
河北省

戦国時代の燕の都はじめ豊富な遺構の残る保定
太行山脈東の華北平原に位置するこの街は
北京、天津に通じる要地としても注目される

「首都圏の要」北京的南大門

豊富な物資を集散する「燕地天府」の地で、四季折々の自然が遷ろう保定。とくに元、明、清と北京に都がおかれた13〜20世紀、中原や江南へ続く戦略上の要衝となり、「北京の南大門」と呼ばれていた（明代、首都北京を守るために築かれた万里の長城。内長城の要にあたった居庸関、紫荊関、倒馬関の内三関のうち、後者ふたつは保定郊外に位置する）。清朝（1616〜1912年）では中国各省のなかでも一段、格式の高い直隷省の省都となり、北中国の政務、外交を行なう直隷総督の座所があった。河北省最大の都市という性格は、近

Baoding　保定は北京の南大門

代以降急速に発展した石家荘にゆずったが、21世紀に入って北京、天津に近い立地が注目を集めている。ふたつの直轄都市までともに140km程度で、保定、北京、天津でちょうど正三角形を描き、大首都圏構想の一翼をになっている。

直隷省（現在の河北省）の省都

現在の河北省の領域は、ちょうど清（1616～1912年）代と中華民国（1912～49年）時代の直隷省のそれにあたる。「直隷」とは普通の行政単位にくらべて、より上級の組織に直属し、「中央に直接懸かる地」を意味した。直隷省は数ある省

CHINA
河北省

のなかでも一際格式が高く、曽国藩、李鴻章、袁世凱といった皇帝をうかがうほどの権力と軍事力をもった直隷総督が着任している（袁世凱は清朝滅亡後、自ら皇帝となって帝政を試みたが失敗に終わった）。直隷総督は、黄河を北流させるか、南流させるかなどの治水、農作物の生産管理のほか、北洋大臣を兼ねて対西欧の外交問題にもあたった（西欧諸国が商館や領事館をおく天津の重要性が高まると、直隷総督は天津を拠点とし、天津港が結氷する時期に保定に戻ってきた）。1894～95年の日清戦争では、この直隷総督（北洋大臣）ひきいる北洋艦隊と日本は戦い、西太后が海軍費を北京頤和園

▲左　漢代の王墓が見られる、保定近郊の満城漢墓にて。　　▲右　江南の庭園が再現された古蓮花池

Baoding　保定は北京の南大門

の整備に流用したことでも知られる。北洋艦隊が日本に敗れると、直隷省を中心に、逆に日本の近代化に学ぶ政策も進められた。

清朝皇帝陵と漢代の王墓

保定郊外には中国を代表するふたつの王墓、皇帝陵群が位置する。ひとつは保定の北西20kmに位置する満城漢墓で、20世紀に偶然発見された漢(紀元前202〜220年)代の王族の墓。1968年、この満城漢墓からは「玉の札」を「金の糸」でとじつけた衣「金縷玉衣」をまとった中山靖王劉勝の姿が発掘

CHINA
河北省

され、「世紀の発見」となった。また保定の北 55kmに位置する易県には清朝皇帝の眠る「清西陵」が残り、北京東郊外の「清東陵」と遼寧省の「関外三関」からなる清朝皇帝陵群の一角を構成する（世界遺産）。清東陵に対応するように位置する清西陵には、清朝第 5 代雍正帝はじめ 4 人の皇帝が眠り、清西陵すぐそばにラストエンペラー溥儀の墓も見られる。

保定の構成

保定の街は大きく鉄道駅東側にある「保定旧城」と、20 世紀末以降、鉄道駅の北西側につくられた「新市街」にわけら

▲左　北京南大門と言われた保定では、古建築がいくつも残る。　▲右　大慈閣の千手観音

れる。「保定旧城」は碁盤の目状の街区をもち、明清時代は四方を城壁に囲まれ、濠がめぐらされていた。古蓮花池、直隷総督府、大慈閣といった歴史的遺構が集まり、細い路地には胡同も残る。一方の「新市街」は旧城よりも街区規模が大きく、自動車やバスの走行もふまえて整備され、開発区もこちらにおかれている。また保定郊外には、多くの古蹟が残り、北西20kmに満城漢墓、北60kmに清西陵、東47kmに白洋淀が位置する。

【地図】保定

【地図】保定の [★★★]
- [ ] 古蓮花池 古莲花池 グウリィアンフウアチイ
- [ ] 直隷総督署 直隶总督署 チイリイズォンドゥシュウ

【地図】保定の [★★☆]
- [ ] 保定旧城 保定旧城 バオディンジィウチャァン
- [ ] 保定古城壁 保定古城墙 バオディングウチャンチイアン

【地図】保定の [★☆☆]
- [ ] 府河 府河 フウハァ
- [ ] 軍校広場 军校广场 ジュンシィアオグゥァンチャァン
- [ ] 保定新市街 保定新城 バオディンシィンチャァン
- [ ] 保定万博広場 保定万博广场 バオディンワァンボオグゥァンチャァン

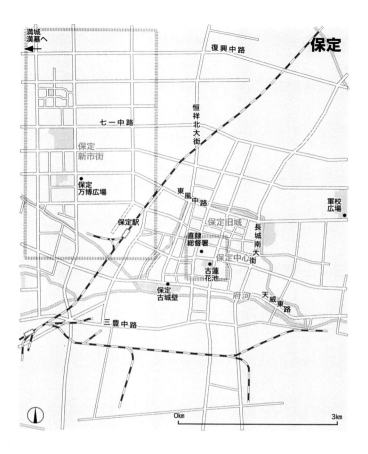

Baoding | 保定は北京の南大門

【MEMO】

Guide,
Bao Ding Zhong Xin
保定中心
城市案内

楼上からは保定の街並みが見渡せる大慈閣
学問の中心でもあった古蓮花池
保定旧城には北京文化も香る

保定旧城 保定旧城
bǎo dìng jiù chéng バオディンジィウチャァン ［★★☆］

大慈閣、直隷総督府、古蓮花池といった景勝地が残る保定旧城。現在の保定旧城はモンゴル軍の攻撃で1213年に廃墟になったあと、1227年、元の汝南王張柔が街をつくって拠点をおいたことにはじまる（河北四大世侯のひとりで、モンゴルに投降して元代に漢人世侯となった）。中国の伝統的な街で見られる碁盤の目状の街区をもち、周囲に城壁と濠がめぐらされていた。清代、直隷省の省都となると、東大街、西大街、南門内大街を中心に大いににぎわいを見せていた。科挙が行

【地図】保定中心

【地図】保定中心の [★★★]
- ☐ 大慈閣 大慈阁ダアツウガア
- ☐ 古蓮花池 古莲花池グウリィアンフウアチイ
- ☐ 直隷総督署 直隶总督署チイリイズォンドゥシュウ

【地図】保定中心の [★★☆]
- ☐ 保定旧城 保定旧城バオディンジィウチャァン
- ☐ 西大街 西大街シイダアジエ

【地図】保定中心の [★☆☆]
- ☐ 穿行楼街 穿行楼街チュゥアンシィンロウジエ
- ☐ 鐘楼 钟楼チョンロウ
- ☐ 天主堂 天主堂ティエンチュウタァン
- ☐ 光園 光园グゥアンユゥエン
- ☐ 城隍廟 城隍庙チャンフゥアンミャオ

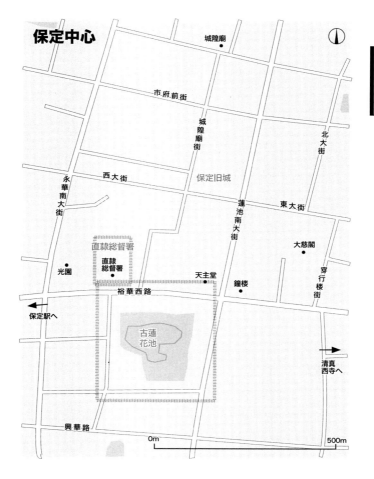

CHINA
河北省

▲左 古い街並みを残す穿行楼街。 ▲右 保定を代表する景観が広がる、大慈閣にて

なわれた貢院街、都市の守り神の城隍廟街などの地名も残る。

穿行楼街 穿行楼街
chuān xíng lóu jiē チュゥアンシィンロウジエ [★☆☆]

穿行楼街は裕華東路から南北に走る路地。大慈閣への参道となっていて、古いたたずまいを見せる胡同には占い師や土産物店がならぶ。

大慈閣 大慈阁 dà cí gé ダアツウガア [★★★]

保定旧城の中央にそびえ、堂々としたたたずまいを見せる大

【MEMO】

CHINA
河北省

慈閣。大慈閣は真覚禅寺（仏教寺院）の伽藍で、保定八景のひとつ「市閣凌霄」にもあげられる。この大慈閣の創建は南宋の1250年とも、元（1271～1368年）代とも言われ、清朝乾隆帝時代に重修されるなど、何度も修復されて現在にいたる。黒の屋根瓦と紅い壁をもち、極彩色の配色がほどこされた高さ31mの大慈閣上部からは保定市街をのぞむことができる（また高さ10mの観音像を安置する）。大慈閣の周囲に古い街並みが残るほか、清代の武官王錫袞の荘園で出されていた料理も、大慈閣に受け継がれている。

▲左 20世紀初頭に建てられた西欧風建築の天主堂。　▲右 鐘を鳴らしてときを告げた、鐘楼

鐘楼 钟楼 zhōng lóu チョンロウ ［★☆☆］

明清時代、保定の街にときを告げてきた鐘楼（鐘楼で鐘を鳴らし、鼓楼で太鼓をたたいた）。石の土台のうえに立つ小ぶりな二層の楼閣で、高さ2.55mの鐘を安置する。明の宣徳年間（1426〜35年）に重建されたことから、「宣徳楼」とも呼ばれる。

天主堂 天主堂 tiān zhǔ táng ティエンチュウタァン［★☆☆］

市街中心部に立ち、1905年に創建された伝統をもつ保定の天主堂。東西2本の尖塔、中央部には十字架がかかげられた石づくりの西欧建築で、幅17.6m、高さは20mになる。

【地図】古蓮花池

【地図】古蓮花池の ［★★★］
- [ ] 古蓮花池 古蓮花池グウリィアンフウアチイ
- [ ] 直隷総督署 直隷総督署チイリイズォンドゥシュウ

【地図】古蓮花池の ［★☆☆］
- [ ] 天主堂 天主堂ティエンチュウタァン

古蓮花池

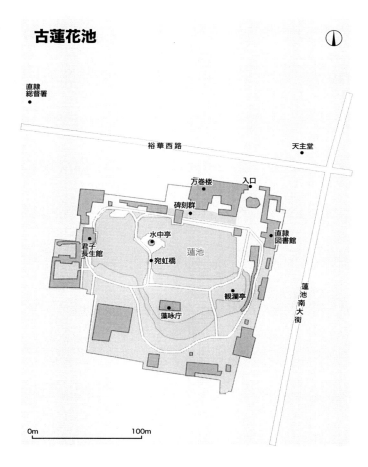

CHINA
河北省

古蓮花池 古莲花池
gǔ lián huā chí グウリィアンフウアチイ [★★★]

古蓮花池は蓮の浮かぶ池、四季折々の自然が美しい園林で、保定の学問、芸術、文化をになった蓮池書院の名でも知られた。保定の街の建設とともに、1227年、元の汝南王張柔によって江南の庭園をもとに創建され、元代詩人の元好問(1190～1257年)、郝経(1223～75年)も訪れる景勝地だった。以後、明代の1531年に二程書院、1606年に上谷書院が建てられるなかで、古蓮花池は保定の学問、教育の中心地という性格を確固たるものとした(明の万暦年間に大規模に拡張

▲左　古蓮花池に残る碑刻群。　▲右　水中亭と宛虹橋、水面は蓮でおおわれている

された)。明代から清代に遷って、清朝第5代雍正帝時代の1733年、前年から保定の直隷総督に赴任していた李衛（1687〜1738年）は古蓮花池に蓮池書院を建立した。この蓮池書院は、直隷書院、保定書院といった名前でも呼ばれ、北中国を代表する書院となっていた。また清代、北京から江南に向かって南巡する康煕帝や乾隆帝、西太后は保定の滞在にあたってこの地に行宮をおいた（三朝＝新婚3日間の行宮だった）。

CHINA
河北省

古蓮花池の構成

古蓮花池の総面積2万4000平方メートルのうち、庭園の名称にもなった蓮池が3分の1ほどをしめ、蓮池のほとりに楼閣や亭が点在する（華北に江南の景色をもってくる意図があった）。古蓮花池の中央には、高さ10.65mの「水中亭（笠亭）」が立ち、そのそばに長さ9.65mの「宛虹橋（虹橋型の白玉橋）」がかかる。また図書数万巻を蔵書した「万巻楼（金末元初創建）」、池南側の「藻咏庁」、蓮池にのぞむ「観瀾亭」、池西側の「君子長生館」、石づくりの「直隷図書館」といった楼閣や亭が立つほか、長廊に脇に残る「淳化閣帖」、陽明学の「明

王陽明師碑」、唐の740年の蘇霊芝に書による「田琬徳政碑」、直隷総督那彦成（1764〜1833年）の篆刻した「蓮池書院法帖」といった碑刻も見られる。

蓮池書院と宮島詠士

直隷総督の曽国藩（1811〜72年）の弟子のなかで、「政治家としての継承者」李鴻章（1823〜1901年）に対して、呉汝綸（1840〜1903年）と張裕釗（1823〜94年）が「学問の継承者」だったと言われる。李鴻章が直隷総督になると、1883年、その府の学問拠点である保定蓮池書院に優秀な人

CHINA
河北省

材を集め、首講に張裕釗を招いた。張裕釗のもとには1000人を超す人びとが集まり、そのなかには日本人の宮島詠士（1867〜1943年）がいた。宮島詠士は1887年に中国に渡り、張裕釗から文学や書法を学んで、やがて日本に帰国している。このとき李鴻章と筆談したとも伝えられ、1894年、西安にて張裕釗の死を看とったのは家族と宮島詠士だった。宮島詠士は日本に帰国後、善隣書院を設立し、中国語教育にたずさわり、保定の古蓮花池には張裕釗宮島大八師生紀念碑が立つ。

▲左　清朝官吏の衣装をまとう人。　▲右　由緒正しい直隷総督署、現在は博物館として開館している

直隷総督署 直隶总督署
zhí lì zǒng dū shǔ チイリイズォンドゥシュウ ［★★★］

直隷総督署は明清時代、中国各地に派遣された総督や巡撫のなかでも、もっとも高い格式をもった直隷総督の治所（1729年創建）。総督はひとつ、もしくは複数の省の政務と軍務を管轄する役職で、直隷省は皇帝の暮らす北京の周囲、現在の河北省にあたった。この直隷総督署は元代の順天路総管府に連なる伝統をもち、明代永楽年間の1368年に大寧都司駐地（明代の初期、保定府署）となった。とくに清代の1736年、皇帝にもっとも信頼される力をもった直隷総督の拠点と

CHINA
河北省

なり、曽国藩、李鴻章、袁世凱といった清朝末期の有力者がここで政務をとり行なった。直隷総督署は東西130m、南北220mの敷地をもち、大門、儀門、大堂、二堂（退思堂）、三堂、四堂が軸線上にならぶ。その建築を中心に左右に建物が配置されているほか、乾隆帝、嘉慶帝、道光帝の御賜詩も立つ（東側の東路には、武成王廟、衙神廟などがあり、客人を歓待する施設だった）。北京故宮、山西霍州署、河南内郷県衙とならんで保定直隷総督署は中国古代四大官衙のひとつとされる。

保定中心城市案内 Baoding

直隷総督と北洋大臣

長いあいだ、内陸部が中国史の舞台となり、上海、天津、大連といった街はアヘン戦争(1840〜42年)以後に開港されて発展した。これらの港町に進出した西欧列強の目的は中国との交易で、1860年に結ばれた北京協定を受け、中国(清朝)側は1861年に外国の公使と交渉にあたる総理衙門(外務省にあたる機関)を設立した。中国では、上海より南を「南洋」、北を「北洋」と言い、諸外国との外交にあたる北洋大臣は通商大臣の性格をもっていた。こうしたなか商業の重要性が高まり、決定権を一本化する意図もあって、政務や軍務

【地図】直隷総督署

【地図】直隷総督署の [★★★]
- [ ] 直隷総督署 直隶总督署チイリイズォンドゥシュウ

CHINA
河北省

直隷総督署

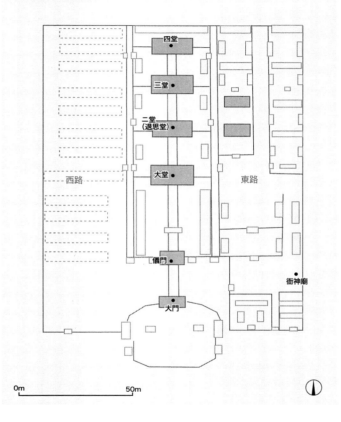

CHINA
河北省

を担当する直隷総督が北洋大臣を兼ねるようになった（1870年、直隷総督の李鴻章が北洋大臣を兼ねた）。天津開港後は、直隷総督は保定と天津を往来し、天津港が結氷する冬に保定で政務をとった。

光園 光园 guāng yuán グゥアンユゥエン ［★☆☆］
直隷総督のそば、清按察使司獄署処があった場所に建てられた近代建築の光園。中華民国時代に入り、袁世凱（1859～1916年）の死後、直隷督軍となった曹錕（1862～1938年）によって建設された。アーチを描く門、そのうえにほどこさ

▲左　直隷総督署は清朝中期から末期の政治の舞台となった。　▲右　鶴と太陽、美しい壁画が飾られている

れた彫刻、植物の配された庭園、六角涼亭など、中国と西欧建築を融合させた建築となっている。中華民国初期の軍閥間の争いの舞台となった場所でもあり、直隷派の軍閥で「光園の主」曹錕は1923年に大総統に就任している。曹錕は北京をめぐって行なわれた1924年の奉直戦争に敗れ、以後、直隷派も力を失った。

西大街 西大街 xī dà jiē シイダアジエ［★★☆］

保定市街の中心部を東西に走る全長850mの西大街。元、明、清時代からの歴史をもつ保定の目抜き通りのひとつで、青磚

CHINA
河北省

灰瓦（レンガ）で組まれた2階（もしくは3階）建ての店舗がずらりとならぶ。とくに20世紀初頭から銀行、商店、ホテル、茶行などが軒を構え、現在も老舗が残るほか、人力車も見られる。

城隍廟 城隍庙
chéng huáng miào チャンフゥアンミャオ [★☆☆]
保定の守り神をまつる城隍廟。現在は古城賓館の敷地となっていて、その前方に城隍廟街が走る。

近代
中国と
直隷総督

CHINA
河北省

曽国藩、李鴻章、袁世凱といった
面々が名を連ねる直隷総督
直隷総督は近代中国の中心にいた

曾国藩と洋務運動

洪秀全ひきいる太平天国（1851〜64年）は広西から南京に攻めあがり、南中国一帯に勢力を広げた。この太平天国軍に対して、清朝の八旗軍は太刀打ちできず、清朝の屋台骨を揺るがす事態となっていた。こうしたなか、清朝は八旗軍とは別に、近代武器を装備した政治家曽国藩の湘軍（曽国藩の私兵）、上海の欧米列強の常勝軍の力を借りて太平天国を滅亡させた（1840〜42年のアヘン戦争以後、西欧列強が上海に進出していた）。曽国藩は清朝を救った英雄となり、また曽国藩の幕間にいて淮軍をひきいた李鴻章も同様に台頭した。

Baoding　近代中国と直隷総督

　この太平天国の乱を受けて、清朝は近代軍備の必要性を感じ、洋務運動が進んでいった。太平天国鎮圧で活躍した曽国藩（1811〜72年）、李鴻章（1823〜1901年）は、いずれも直隷総督をつとめている。

李鴻章と近代中国

清朝では長らく鎖国体制がとられていたが、アヘン戦争（1840〜42年）後に開港が進み、西欧の近代文明が流入するようになった。1870年、曽国藩に代わって直隷総督となった李鴻章は北洋大臣を兼ね、自らの私兵の淮軍にくわえて、1875

CHINA
河北省

年に北洋海軍を創設して軍の近代化を進めた。こうしたなか、日清戦争（1894〜95年）が起こり、北洋海軍は明治維新で中国よりも早く近代化を成功させた日本に敗れることになった（このとき西太后が海軍費を北京頤和園の整備に流用したことも知られる）。日清戦争、続く日露戦争（1904〜05年）に勝利した日本は、国際的な地位を高める一方、軍国主義色を強めていった。また日清戦争の敗戦以後、同じ東洋の国で近代化に成功した日本の制度を学ぶため、日本への中国人留学生が増えた（近代教育、警察や陸軍の制度などを学び、直隷省ではとくにそれが積極的に行なわれた）。この時代の中

▲左　首都北京をとり囲む近畿をかつて直隷省といった。　▲右　堂々とした楼閣の大慈閣

国では、鉄道の敷設、電信の整備も進み、保定は中国近代化の最先端地のひとつとなっていた。1881年に天津に電信が通じ、保定の電信は1885年に完成している。

袁世凱と辛亥革命

日清戦争（1894〜95年）の敗北を受けて李鴻章は第一線をしりぞいたが、代わって勢力をにぎったのが袁世凱（1859〜1916年）だった。袁世凱は1900年に起こった義和団事件を鎮圧し、山東巡撫から直隷総督へと昇格した（義和団は清朝を助け、西欧を滅ぼす「扶清滅洋」のスローガンをかか

CHINA
河北省

げた)。直隷総督となった袁世凱は保定に拠点をおき、養育、軍務などで近代化を進めたが、1911年の辛亥革命を受けて、翌年、清朝は滅亡した。南京で中華民国が建国されたものの、清朝時代からの実力者袁世凱は、孫文に代わって臨時大総統となった(袁世凱の力もあって、ラストエンペラー溥儀は退位した。また1915年、中国にとって屈辱的な二十一箇条の要求を日本から飲んだ)。やがて袁世凱は自らが皇帝になり、帝制(中華帝国)を復活させようとしたが、その試みは失敗に終わっている。こうした清朝末期から中華民国初期の流れは、曽国藩から李鴻章、袁世凱といった直隷総督が皇帝下の

官吏でありながら、皇帝をうかがう地位（権力）にあったことを示すものとなっている。

Guide,
Bao Ding Jiu Cheng
保定旧城城市案内

清代、直隷省の省都がおかれた保定旧城
学術、文化の都として栄えた
河北省を代表する古都

府河 府河 fǔ hé フウハァ［★☆☆］

保定河とも呼ばれる府河は、保定から東の白洋淀にそそぎ、天津で海河に合流する。府河の支流はいくつもの川筋をつくって保定近郊を流れ、天然の要塞、水路となってきた。名前を変えながらも、保定と白洋淀、天津を結ぶ府河は、かつて交通の面でも重要な役割を果たした。

CHINA
河北省

慈禧行宮 慈禧行宫
cí xǐ xíng gōng ツウシイシィンゴォン [★☆☆]

慈禧行宮は西太后が保定を訪れたときの「仮住まい」だった行宮跡。宋金時代に永寧寺、元代に南大寺があった場所で、1900年の義和団の乱で八カ国連合軍に破壊されたが、1903年、直隷総督袁世凱が西太后（慈禧太后）と光緒帝を迎えるために再建した（西太后と光緒帝は保定近郊の清西陵を訪れた）。1949年、この場所に保定第二中学がつくられたことから、現在はその敷地となっている。

天水橋 天水桥
tiān shuǐ qiáo ティエンシュイチィアオ [★☆☆]

保定旧城正門にあたった南門外の南関府河にかかる天水橋。この場所には宋代から橋がかかり、以後、金、元、明、清と保定から南の街道や街を旅する人びとが往来してきた。現在の天水橋は20世紀以降に修建されたもので、石づくりの欄干に彫刻がほどこされている。

【地図】保定旧城

【地図】保定旧城の [★★★]
- 大慈閣 大慈阁ダアツウガア
- 古蓮花池 古莲花池グウリィアンフウアチイ
- 直隷総督署 直隶总督署チイリイズォンドゥシュウ

【地図】保定旧城の [★★☆]
- 保定旧城 保定旧城バオディンジィウチャァン
- 保定古城壁 保定古城墙バオディングウチャンチイアン

【地図】保定旧城の [★☆☆]
- 城隍廟 城隍庙チャンフゥアンミャオ
- 府河 府河フウハァ
- 慈禧行宮 慈禧行宫ツウシイシィンゴォン
- 天水橋 天水桥ティエンシュイチィアオ
- 清真西寺 清真西寺チィンチェンシイスウ
- 保定動物園 保定动物园バオディンドォンウウユゥエン
- 淮軍公署 淮军公所ファイジュンゴォンスゥオ
- 楊公祠 杨公祠ヤンゴォンツウ
- 留法勤工倹学紀念館 留法勤工俭学纪念馆リィウファアチィンゴォンジィアンシュエジイニィエングゥアン
- 保定新市街 保定新城バオディンシィンチャァン

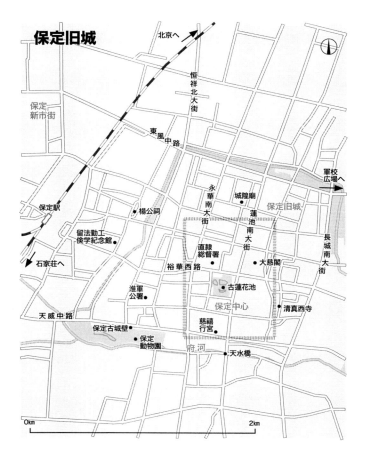

CHINA
河北省

清真西寺 清真西寺
qīng zhēn xī sì チィンチェンシイスウ [★☆☆]

保定にあるモスクのうち、もっとも規模の大きい清真西寺（イスラム礼拝堂のモスク）。明代の1616年に建てられ、華北地方の伝統的な建築様式をもつ。清真西寺界隈にはイスラム教徒の回族が暮らし、保定でも古い街並みを残す一角となっている。

▲左 明清時代の保定は周囲を城壁で囲まれた城でもあった。 ▲右 保定市街の中心部にて

保定古城壁 保定古城墙 bǎo dìng gǔ chéng qiáng
バオディングウチャンチイアン ［★★☆］

保定旧城をぐるりととり囲んでいた保定古城壁。明清時代には周囲8kmからなる城壁と濠をめぐらせ、東西南北に城門を配していた。保定旧城南西部あたりでは、高さ10mを超し、厚さ5mになる保存状態のよい城壁が残っている。

保定動物園 保定动物园 bǎo dìng dòng wù yuán
バオディンドォンウウユュエン ［★☆☆］

保定市街の南西に位置する保定動物園。1921年設立の曹錕

CHINA
河北省

花園をはじまりとし、1953年に保定動物園として開放された。黒龍江省に生息するシベリアン・タイガー、湿地帯のタンチョウ、レッサーパンダ、ライオン、シマウマなどを飼育する。

淮軍公署 淮军公所
huái jūn gōng suǒ ファイジュンゴォンスゥオ [★☆☆]

保定旧城の一角に残り、李鴻章ひきいる淮軍の駐屯地でもあった淮軍公署（淮軍昭忠祠暨公署）。李鴻章と淮軍は太平天国の乱を鎮圧するなかで台頭し、豊かな江南の財源をもと

に洋式鉄砲や騎兵隊を整備した。1870 年、李鴻章が直隷総督と北洋大臣に着任するとともに、淮軍も江南から華北に移動し、1899 年、保定に淮軍公署が建てられた。東西 115m、南北 120m の敷地には、太平天国で生命を落とした人びとをまつるほか、馬頭壁など安徽省の建築様式をもつ（淮軍は安徽省出身の李鴻章の私兵によって形成されていたことから、安徽省出身者が多くをしめていた）。

楊公祠 杨公祠 yáng gōng cí ヤンゴォンツウ［★☆☆］
明代の名官吏の楊継盛（1516 〜 55 年）をまつった楊公祠。

モンゴル族の侵入を受けるなかで、保定に生まれ、明第12代嘉靖帝時代に進士となった。楊継盛の死後、廟が建てられ、現在の楊公祠は21世紀になってから再建された。

留法勤工俭学纪念館 留法勤工俭学纪念馆
liú fǎ qín gōng jiǎn xué jì niàn guǎn リィウファアチィンゴォンジィアンシュエジイニィエングゥアン ［★☆☆］

中国近代教育の黎明期に建てられた育徳中学旧址に開館した留法勤工俭学纪念館。育徳中学は辛亥革命以前の1906年、科挙に替わる近代的な教育を目指した陳幼雲（1879～1909

▲左　胡同を利用した店舗、小吃店に人が集まる。　▲右　街角のオブジェ、満城漢墓から出土した「長信宮灯」をモチーフとしている

年）によって設立された。文系の天津南開中学とならぶ理系の学校として知られ、劉少奇、李維漢といった人材を輩出している。留法勤工倹学紀念館という名称は、1915年にフランスの労働力をになった中国人による「勤工倹学（工作に勤め、倹にして以て求学する）」運動からとられている。

軍校広場 军校广场 jūn xiào guǎng chǎng
ジュンシィアオグゥァンチャアン［★☆☆］

保定陸軍軍官学校（軍事学校）があった市街北東部に位置する軍校広場。保定陸軍軍官学校は、清朝末期の1902年、近

CHINA
河北省

代化を進めた直隷総督袁世凱によって創立された。中国ではじめての高等軍事学校で、この保定陸軍軍官学校の出身者にのちに中華民国の総統となる蒋介石がいる。現在は市民が集まる広場として開放されている。

教育の近代化

清朝末期の 1902 年、袁世凱が直隷総督に就任し、保定を中心に教育や警察、財政といった制度の近代化が目指された。袁世凱は明治維新で近代化を成功させた日本に多くの学生を派遣し、日本から専門家や教師を招聘して中国の近代化を進

保定旧城城市案内

めた。隋代から1500年続いた科挙に替わって、1901年、書院から学堂（近代教育を行なう学校）を整備する方針に転換したことが特筆される。1903年、直隷総督袁世凱の指示のもと保定に学堂がつくられ、とくに国民皆教育を目指すなかで、教師を養成する師範学堂が設立された（保定師範学堂は保定旧城北関外に位置し、かつての科挙出身者が学堂で教鞭をとることもあった）。こうした経緯からも、保定には学問の伝統が残り、「学生城」とも呼ばれる。

Guide,
Bao Ding Xin Cheng
新市街
城市案内

北京、天津と大三角形を描く保定の地理
保定旧城の北西に整備された新市街には
中国を代表する企業のほか外資系企業も進出する

保定新市街 保定新城
bǎo dìng xīn chéng バオディンシィンチァン ［★☆☆］

保定の新市街は、保定駅をはさんで旧城のちょうど反対側に整備された。幅の広い道路、計画的な街区をもち、1992年以来、開発区がおかれている。大型商業施設が立つほか、競秀公園や保定博物館、保定植物園といった公共施設が位置し、緑地をしっかりとった街並みが広がる。北京、天津、石家荘といったいずれの大都市にも近く、「京津冀（北京、天津、河北省）」が一体化する大首都圏を構成する副都心としても注目されている。

【地図】保定新市街

【地図】保定新市街の [★★☆]
- [ ] 保定旧城 保定旧城 バオディンジィウチャァン

【地図】保定新市街の [★☆☆]
- [ ] 保定新市街 保定新城 バオディンシィンチャァン
- [ ] 保定万博広場 保定万博广场 バオディンワンボオグゥァンチャアン

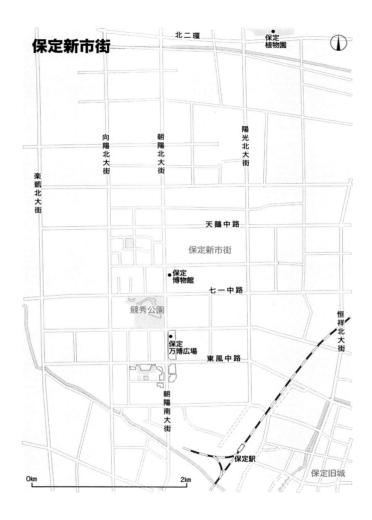

CHINA
河北省

保定万博広場 保定万博广场
bǎo dìng wàn bó guǎng chǎng
バオディンワンボオグゥァンチャアン ［★☆☆］

保定新市街の中心部に立つ保定万博広場（Vanbo Plaza）。54階建て258mの高層タワーとそれに準ずるタワー、また低層建築から構成される。ビジネス・オフィス、ショッピング・モール、マンション、映画館、レストラン街などが集まっている。

▲左　広い街区をもつ保定新市街。　▲右　高層ビルとネオン、北京に近い大首都圏を構成する

アフリカの保定村

21世紀に入って中国がアフリカとの経済的連携を進めるなかで、アフリカに保定村と呼ばれる中国人集落が形成されているという。ダムや道路など中国政府の受注したインフラ建設を受けて、アフリカ（海外）に出かけた保定の農民たちが現地で農作物をつくるようになり、中国人の栽培する野菜が地元で受け入れられたことではじまった。アフリカはじめ各地に保定村が建設されていて、現在、保定村の中国人は必ずしも保定出身とは限らないという。

Guide,
Man Cheng Han Mu
満城漢墓
鑑賞案内

1968年、偶然発見された王の墓
それは今から2000年前の漢代の
中山靖王劉勝とその妻竇綰のものだった

満城漢墓 满城汉墓
mǎn chéng hàn mù マンチャァンハァンムウ [★★★]

満城漢墓は高さ235.8mの陵山に残る前漢前期の中山靖王、劉勝とその妻竇綰の陵墓。劉勝は漢の始祖である劉邦と同族で、紀元前154年に保定から石家荘にかけてあった事実上の独立国中山国の王に封建された（景帝13人の皇子たちがそれぞれ諸侯王に封ぜられ、武帝の兄弟にあたる劉勝はそのうちのひとりであった）。この満城漢墓は1968年、演習中の人民解放軍によって偶然、「発見」され、劉勝のものが1号墓、竇綰のものが2号墓となっている。満城漢墓から発掘された

CHINA
河北省

王を包んだ金縷玉衣、埋葬品や副葬品、また建築様式は前漢時代の王族の陵墓を解き明かすという意味で、「世紀の発見」となった。満城漢墓に埋葬された劉勝は酒や女性を好むことでも知られ、多くの子孫を残したことから、のちに三国志の英雄、涿州の劉備玄徳はこの劉勝の子孫を称した。

満城漢墓の構成

満城漢墓は劉勝とその妻竇綰の二基の墓からなり、石灰岩質の陵山の東斜面を繰り抜いた横穴式の大型崖墓となっている（殷代の墳墓は竪穴だったが、満城漢墓では横穴式の新たな

▲左　墓室へ続く墓道、横穴式の陵墓。　▲右　満城漢墓の発掘によって前漢の陵墓様式が明らかになった

墓制が見られる）。長いトンネル上の墓道の奥に墓室があり、全長51.7mの劉勝の1号墓、全長49.7mの竇綰の2号墓はともに耳室を配した十字形のプランをもつ。耳室は食物や酒をおく倉庫の役割を果たし、ほかに車馬や副葬品なども発掘された。また遺体を安置した奥の墓室、耳室をあわせて死者の住居（地下宮）とも呼べる姿となっていた。前漢王墓にはこの満城漢墓のような「崖洞墓（横穴墓）」と、黄腸題湊と呼ばれる「竪穴墓」があった。

【地図】満城漢墓の [★★★]

- 満城漢墓 满城汉墓 mǎn chéng hàn mù
  マンチャァンハァンムウ

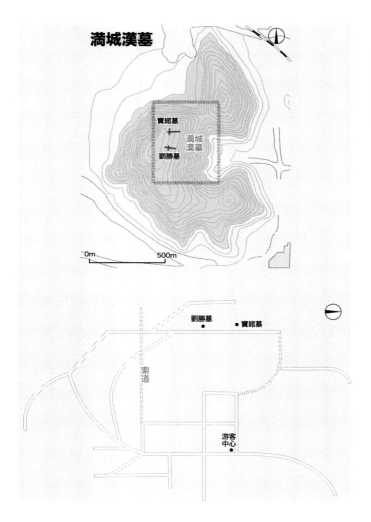

【MEMO】

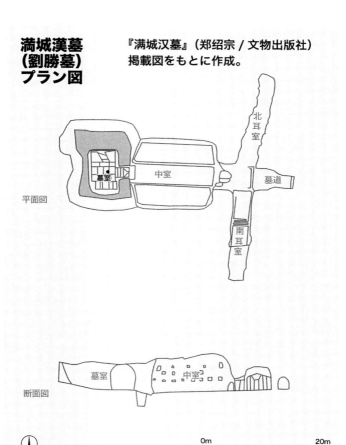

CHINA
河北省

出土した副葬品

満城漢墓からは銅器、玉器、土器、漆器などあわせて6000点以上の埋葬品が出土したが、とくに劉勝と竇綰の身体を包み込んだ「金縷玉衣」が人びとを驚かせた。金縷玉衣とは、いくつもの小さな玉の札を金糸でとじつけた衣で、中国皇帝や王族の遺体は金縷玉衣をまとわせたうえで埋葬された(中国では古来より、儀礼や儀式で玉が重視され、玉は陝西やウイグルなどでしか産出されなかった)。劉勝の玉衣には2498枚の玉札、重さ1100グラムの金糸、竇綰の玉衣には2160枚の玉札、重さ700グラムの金糸が使われている。また「長信

▲左　劉勝と竇綰の身体をおおっていた「金縷玉衣」。　▲右　スライダーで山上から山下へくだることもできる

宮灯」という燭台は、高さ48センチで人の姿をしていて、室内の空気の清浄をたもつため、火の煙が右腕から体内に入るように設計されている。

漢代の社会

理想の治世を実現した古代の周は、周の一族を中国各地に封建し、春秋戦国時代、その子孫は秦、燕、趙、魏、韓、楚、斉といった国を各地で築いていた。紀元前221年、秦の始皇帝はこれら諸国を統一し、皇帝を中心に中央から地方へ官吏を派遣する「郡県制」がしかれた（「県」は中央に「懸かる」

CHINA
河北省

の意味)。急速に中央集権体制をつくりあげた秦はまもなく滅び、やがて項羽と劉邦の戦いのなかから漢（紀元前202～220年）が建国された。漢では秦の失敗をふまえ、劉邦の一族を各地の諸侯に派遣する「封建制（周の封建制)」と、中央から官吏を派遣する「郡県制（秦の郡県制)」をあわせた「郡国制（一族を封建した諸侯国と、中央から官吏を派遣する地を共存させた)」でのぞんだ。中山国のような諸侯国には太傅と丞相が中央から派遣されただけで、事実上、独立国と言える体裁だった。やがて朝廷（中央）の権力が強くなると、諸侯国の力はそがれていき、漢の武帝時代ごろには中央集権

体制が完成した。漢代は儒教が国教化され、それまで2000年の中国の歴史が編纂された『史記』(司馬遷)がまとめられた。漢民族や漢字という名称は、この漢王朝からとられている。

Guide,
Qing Xi Ling
清西陵
鑑賞案内

河北省易県に位置する世界遺産の清西陵
陰陽があわさる最高の風水をもつこの地に
もうひとつの清朝皇帝陵墓が築かれた

清西陵 清西陵 qīng xī líng チィンシイリィン ［★★★］

北京から南西に100km、第5代雍正帝をはじめとして4人の清朝皇帝の墓が残る清西陵（北京の東110kmの清東陵と対応する）。西に紫荊関が位置し、南に易水が流れて最高の風水をもつ「万年ノ吉地（清西陵）」の発見はただちに雍正帝に報告され、1730年、清西陵の建設がはじまった。第5代雍正帝の「泰陵」を中心に、その周囲に第7代嘉慶帝の「昌陵」、第8代道光帝の「慕陵」、第11代光緒帝の「崇陵」はじめ、皇帝陵4基、皇后陵3基、王公、皇女、妃の園寝7基、あわせて76人が埋葬されている（清西陵の敷地外に隣接してラ

CHINA
河北省

ストエンペラー愛新覚羅溥儀の墓陵も残る)。1730年にはじめられた泰陵の造営を皮切りに、清朝滅亡後の1915年に崇陵が完成するまで、185年の月日をへて清西陵は現在の姿となった。康熙帝や乾隆帝などがまつられている清東陵に対して、清西陵には清朝がかつての勢いをなくしたときに即位していた皇帝たちが眠るという一面ももつ。

清西陵の構成

東は梁格荘、西は紫荊関、南は大雁橋、北は奇峰嶺にいたる周囲100kmあまりの広大な敷地をもつ清西陵。大紅門から永

清西陵鑑賞案内　Baoding

寧山に向かって神道が伸び、その軸線上の中央に雍正帝の泰陵が位置する（神道の入口にあたる大紅門から先は、皇帝でも歩いて進まなくてはならなかった）。この雍正帝の「泰陵」から清西陵の造営がはじまり、泰陵の西側に第7代嘉慶帝の「昌陵」、さらにその西には第8代道光帝の「慕陵」、また泰陵の東側には第11代光緒帝の「崇陵」が展開する。これら皇帝陵はいずれも南向きで、皇帝陵の周囲にはそれぞれの皇帝の后陵寝と妃園寝が残っている。清西陵は明代以来の皇帝陵の様式を受け継ぎ、祭祀を行なう「陵恩殿」、陵名を記す石碑の立つ「明楼」、お墓にあたる「宝頂」、そのしたの「地

【地図】保定と清西陵

【地図】保定と清西陵の ［★★★］
- ☐ 清西陵 清西陵チィンシイリィン
- ☐ 満城漢墓 満城汉墓マンチャァンハァンムウ

【地図】保定と清西陵の ［★★☆］
- ☐ 紫荊関 紫荆关ズウジィングゥアン

【地図】保定と清西陵の ［★☆☆］
- ☐ 涿州 涿州チュゥオチョョウ

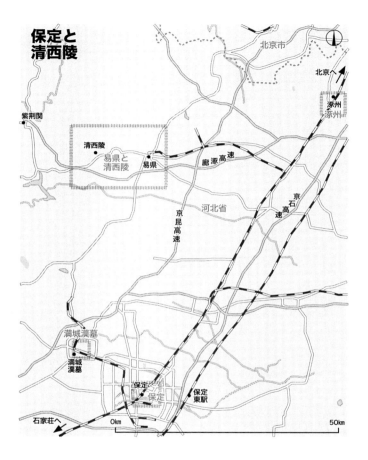

【地図】清西陵

【地図】清西陵の [★★★]
- [ ] 清西陵 清西陵チィンシイリィン
- [ ] 泰陵 泰陵タァイリィン
- [ ] 崇陵 崇陵チョンリィン

【地図】清西陵の [★★☆]
- [ ] 石牌坊 石牌坊シイパァイフゥアン
- [ ] 昌陵 昌陵チャァンリィン
- [ ] 昌西陵 昌西陵チャァンシイリィン
- [ ] 慕陵 慕陵ムウリィン
- [ ] 紫荊関 紫荊关ズウジィングゥアン

【地図】清西陵の [★☆☆]
- [ ] 神道 神道シェンダオ
- [ ] 泰東陵 泰东陵タァイドォンリィン
- [ ] 永福寺 永福寺ヨォンフウスウ
- [ ] 華龍皇家陵園 华龙皇家陵园 フゥアロォンフゥアンジィアリィンユゥエン
- [ ] 易県 易县イイシィエン
- [ ] 燕下都遺跡 燕下都遗址イェンシィアドォウイイチイ
- [ ] 易水 易水イシュゥイ
- [ ] 荊軻塔 荆轲塔ジィンカアタア

下宮殿」へと続く。清西陵を彩る黄色の瑠璃瓦は、皇帝のみが使用できる色として紫禁城や皇帝陵墓などで見られる。

石牌坊 石牌坊 shí pái fāng シイパァイフゥァン ［★★☆］
清西陵をつらなく中軸線の前方部に立つ石牌坊。清西陵の石牌坊は中央のもの、その東西に立つもの、あわせて3つの牌坊を特徴とする（通常はひとつしかない）。3つとも同じ様式をもち、高さ12.75 m、幅31.85 mで、6本の柱が5間をつくる。この石牌坊は陵墓群への門の役割を果たしていた。

▲左　神道が泰陵へと伸びている。　▲右　三方向に向かって立つ石牌坊は清西陵ならでは

神道 神道 shén dào シェンダオ ［★☆☆］

大紅門から雍正帝の泰陵まで伸びる神道。長さ2.5kmの神道には、文官や武官、神獣など40基もの石像がならぶ。神道の北端には玉帯河が流れ、そこにかかる3本の石橋も見られる。

泰陵 泰陵 tài líng タァイリィン ［★★★］

清西陵の中心に立ち、清朝第5代雍正帝（在位1722〜35年）の眠る泰陵。雍正帝は第4代康熙帝と第6代乾隆帝のあいだにあって、清朝でもっとも輝かしい時代に生きた皇帝だった。

CHINA
河北省

皇帝に権限を集めて独裁体制をしき、自ら昼夜休まず政務にのぞんだ名君にあげられる。この雍正帝は前代の康熙帝の四男として生まれ、父の遺言を改ざんして皇帝位についたとささやかれていた。康熙帝と雍正帝の関係が知られていたため、側近の怡親王允祥と大臣の高其倬は（康熙帝の眠る清東陵と別に）易州の清西陵の地を「発見」して雍正帝に紹介した。こうして1730年から雍正帝の泰陵の建設がはじまり、1736年に完成した。

▲左　明十三陵の陵墓様式を受け継ぐ、泰陵にて。　▲右　漢字、満州文字、モンゴル文字で記された扁額

泰東陵 泰东陵 tài dōng líng タイドォンリィン ［★☆☆］

泰陵の北東1.5kmに位置する泰東陵。第5代雍正帝の皇后で、第6代乾隆帝の生母にあたる孝聖憲皇后が眠る。この泰東陵のそばに泰妃陵があり、雍正帝の妃である裕妃、斉妃など21人の妃がほうむられている。

昌陵 昌陵 chāng líng チャァンリィン ［★★☆］

泰陵の西1kmに位置し、清朝第7代嘉慶帝（在位1796〜1820年）の眠る昌陵。清朝の最盛期は過ぎ、各地で清朝への反乱が起こるなど、嘉慶帝の時代から清朝は衰亡して

CHINA
河北省

いった。承徳の熱河行宮で嘉慶帝がなくなったのち、昌陵は1803年に完成した。

昌西陵 昌西陵 chāng xī líng チャァンシイリィン ［★★☆］
嘉慶帝皇后の孝和睿皇后が埋葬された昌西陵。昌西陵には、ここ昌西陵と北京天壇公園にしかない「回音石」と「回音壁」が残る。一方側の壁で音を鳴らすと、その音が壁を伝わって反対側に届く構造をもつ。

▲左　黄色の屋根瓦は皇帝を意味する。　▲右　紅い壁にほどこされた文様

慕陵 慕陵 mù líng ムウリィン［★★☆］

昌陵南西の龍泉峪に位置し、こぢんまりとした第8代道光帝（在位1820〜50年）の陵墓の慕陵。道光帝はアヘン戦争（1840〜42年）に敗れ、中国が西欧列強の進出を受ける未曾有の危機の時代に在位した皇帝だった。この慕陵はもともと北京東郊外の清東陵に建設される予定だったが、地下宮殿に地下水が浸食したため、あらためて清西陵に造営された。地下水が入り込んだのは、「龍が首を出して水を吐き出した」と考えられたため、陵恩殿にはその対策として1318匹の龍の浮き彫りがほどこされている。慕陵そばには道光帝の皇后や妃

CHINA
河北省

の墓にあたる慕東陵が残る。

崇陵 崇陵 chóng líng チョォンリィン ［★★★］

泰陵の東側に残る崇陵には、清朝第 11 代光緒帝（在位 1875 〜 1908 年）が眠る。光緒帝は清朝滅亡間際の皇帝だったこともあり、清西陵ではもっとも遅くつくられ、1909 年に起工、完成したのは清朝滅亡後の 1915 年だった（ラストエンペラー宣統帝の前代にあたる）。陵門から陵恩殿、明楼、地下宮殿まで保存状態は比較的よく、あたりには松が群生している。崇陵の地下宮殿は、光緒帝と隆裕皇后が合葬されている墓室

▲左　荘厳な空間と手の込んだ彫刻も見られる。　▲右　崇陵の地下宮殿、ここに皇帝が眠る

と副室からなり、その前方の石門には菩薩立像、四天王像などが彫られている。また崇陵そばには1900年の義和団事件で、西太后によって故宮の井戸に突き落とされた珍妃姉妹の崇妃陵も残る。

永福寺 永福寺 yǒng fú sì ヨゥンフウスウ ［★☆☆］

永福寺は清西陵に眠る皇帝たちの祭祀などを行なったチベット仏教寺院。清朝皇室の御用寺院で、皇帝を意味する黄色の屋根瓦がふかれているほか、大雄宝殿には釈迦牟尼仏、燃灯仏、弥勒菩薩の3世仏が安置されている（清朝では、モンゴ

【地図】崇陵（光緒帝陵墓）

【地図】崇陵（光緒帝陵墓）の [★★★]
□ 崇陵 崇陵チョォンリィン

CHINA
河北省

崇陵
（光緒帝陵墓）

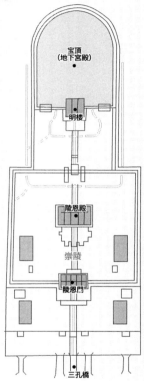

Baoding

清西陵鑑賞案内

河北省

ル、チベットといった少数民族の紐帯となるチベット仏教が保護された)。1788年に完成した。

華龍皇家陵園 华龙皇家陵园
huá lóng huáng jiā líng yuán
フゥアロゥンフゥアンジィアリィンユゥエン [★☆☆]

崇陵の北西1km、清朝のラストエンペラー愛新覚羅溥儀（1906〜67年）が眠る華龍皇家陵園。溥儀はラストエンペラー第12代宣統帝としてわずか3歳で即位し、1910年、溥儀の陵墓のくわ入れが行なわれたものの、1912年の清朝崩壊にと

Baoding｜清西陵鑑賞案内

もなって工事は中断した。その後、日本傀儡の満州国皇帝への即位、シベリアや撫順での抑留生活をへて、特赦で解放され、北京植物園の庭師となった。溥儀の遺骨は北京八宝山におさめられていたが、1995年、夫人の李淑賢によって清西陵そばの華龍皇家陵園に遷されることになった（隣接するものの、華龍皇家陵園は清西陵の敷地ではない）。

CHINA
河北省

紫荊関 紫荆关 zǐ jīng guān ズウジィングゥアン ［★★☆］
北京南西を走る内長城の関所がおかれていた紫荊関（万里の長城は北京を守るように走り、内側の内長城と外側の外長城がある。南北に走る長城は河北省では邢台あたりまで伸びている）。紫荊関は西方から北京方面にいたる要衝にあたり、1213年、モンゴルはこの紫荊関を通って金に侵入している。紫荊関という名前は近くに群生していた「紫荊（花蘇芳）の木」に由来する。北京北西で八達嶺長城にも近い「居庸関」、山西省との省境に近い「倒馬関」とともに内三関を構成する。

【MEMO】

Guide, Yi Xian
易県
城市案内

北京市のすぐ南側に隣接する河北省易県
春秋戦国時代の燕ゆかりの
遺跡や塔が残る

易県 易县 yì xiàn イイシィエン ［★☆☆］

北京の南西100kmに位置し、周囲に清西陵、燕下都、易水、紫荊関を抱える要地の易県。古くは夏代の部族有易氏が拠点としたところで、紀元前311年、戦国七雄のひとつ燕昭王がこの地に燕下都を築いている。街の南に易水が流れ、隋代の581年、その北に易州がおかれて以来、易州や易県の名前で呼ばれてきた。北側は山稜が連なり、南方は平野が広がる風水上優れた地の利をもち、市街は東西を走る同興路を中心に形成されている。また易県には元のモンゴル人の子孫が多く暮らすことでも知られる。

【MEMO】

CHINA
河北省

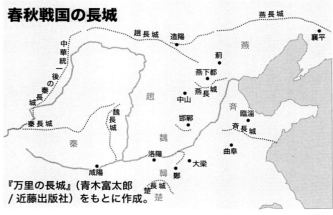

CHINA
河北省

燕下都遺跡 燕下都遗址
yàn xià dōu yí zhǐ イェンシィアドォウイイチイ [★☆☆]

戦国七雄の燕（〜紀元前222年）の都があった燕下都遺跡。燕は周武王の弟召公奭が薊（北京）に封建されたことをはじまりとし、春秋時代（紀元前770〜前403年）は中原から見て北方の最果てにあったことから、周囲を異民族に囲まれ、その歴史はほとんどわかっていない。戦国時代（紀元前403〜前221年）に入って、燕は河北省北部の燕下都に都を構え、西の造陽から東の襄平までの版図をもった（この燕の鉄器が紀元前の朝鮮や日本に伝わっている）。燕下都は中原の大国

Baoding | 易県城市案内

群を意識するように華北平原にのぞみ、南北 4km、東西 4.6kmの主要な東城と、南北 3.7km、東西 4.5kmの西城からなる。戦国七雄の都のなかでも最大の規模をもち、武陽台と呼ばれる宮殿跡や、手工業の工房、運河跡、城壁などが残っている（河北省易県にあった戦国時代の「燕下都」に対して、北京にあった春秋時代の薊を「燕上都」と呼ぶ）。燕は紀元前 222 年、秦の始皇帝によって滅ぼされた。

CHINA
河北省

隗（かい）より始めよ

燕の「中興の祖」として知られるのが昭王（在位前312〜前279年）で、昭王は富国強兵にあたって優秀な人材を集めようとした。その際、政治家郭隗は「隗より始めよ」と答えて、「自分のような者を登用したならば、より有能な人材が次々に集まってくるだろう」と説いた。昭王は高台に黄金をならべて（黄金台）、天下の有能な人びとを集めることに成功した。転じて、「隗より始めよ」という言葉は、「まず自分から行動せよ」という意味で現在、使われている。

▲左　近くを流れる易水からとられた店舗名「易水泉酒」。　▲右　易県で食べた水餃子、にんにくは皮ごと食べる

易水 易水 yì shuǐ イイシュゥイ ［★☆☆］

太行山脈から東方、易県そばを通って、海河に合流する易水。中・北・南の3つの流れがあるなかで、中易水がいわゆる易水にあたる。紀元前227年、始皇帝暗殺の命を受けた荊軻が旅立つにあたって易水のそばで「風蕭々として易水寒く、壮士一たび去りて復た還らず」と詠んだことで知られる（強大になった秦の始皇帝を暗殺すべく、燕の太子丹の密命を受けた荊軻は、始皇帝に献上する地図のなかに短刀をひそませ、暗殺を試みたが失敗に終わった）。この易水周辺は燕南方の国境地帯にあたり、燕の長城が築かれていた。

CHINA
河北省

荆軻塔 荆轲塔 jīng kē tǎ ジィンカアタア [★☆☆]

易県の西郊外にそびえる八角十三層、高さ 24 mの聖塔院寺塔。あたりは戦国時代の燕の義士荆軻ゆかりの地であることから、「荆軻塔」と呼ばれる。実際は遼（907 〜 1125 年）代に創建された。

Guide, Zhuo Zhou
涿州城市案内

CHINA
河北省

三国志の英雄劉備玄徳の生まれた涿州
関羽、張飛と義兄弟のちぎりを交わした地で
涿州双塔が見事な威容を見せる

涿州 涿州 zhuō zhōu チュゥオチョォウ ［★☆☆］
北京と保定を結ぶ街道上に位置する河北省の古都涿州。拒馬河のつくる平野が広がり、華北ではめずらしい米（涿州米）の産地でもある。涿州近郊から殷（～紀元前1050年）代の遺構が発掘され、春秋戦国時代には燕の版図だったが、とくに3世紀の「三国志の英雄」劉備玄徳と張飛の故郷として知られる（漢朝の子孫を自認する劉備玄徳は、この涿州で関羽、張飛とともに「桃園の誓い」を結び、義兄弟となった）。涿州には現在も明清時代以来の街区が残り、堂々としたたたずまいを見せる「涿州双塔」、乾隆帝が南巡のときに行宮とし

た「薬王廟」が位置するほか、涿州「永楽村」は宋の初代皇帝となった趙匡胤出生の地でもある。

涿州双塔 涿州双塔 zhuō zhōu shuāng tǎ
チュウオチョウシュゥアンタア ［★★☆］

涿州の象徴とも言える遼代創建の涿州双塔。南にあった智度寺と、通りをはさんで300mほどの北にあった雲居寺の仏塔が双子のようにならび立つ。「南塔（智度寺塔）」は1031年創建で高さ38.99m、5層で、「北塔（雲居寺塔）」は1092年創建で高さ52.11m、6層の威容をしている。この双塔は建築

【地図】涿州

【地図】涿州の ［★★☆］
- □ 涿州双塔 涿州双塔チュゥオチョウシュゥアンタア

【地図】涿州の ［★☆☆］
- □ 涿州 涿州チュゥオチョウ
- □ 楼桑廟村 楼桑庙村ロォウサァンミィアオツゥン

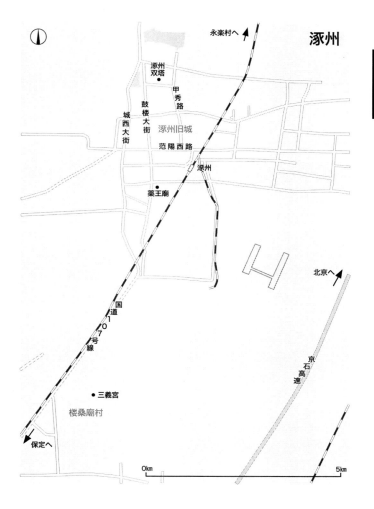

CHINA
河北省

の神さま魯班と娘娘神が競ってつくったとも考えられ、現在は寺院の伽藍はなく塔のみがそびえている。涿州は燕雲十六州にあたり、この塔が建てられた当時、宋ではなく遼の版図にふくまれるなど、係争地であった。

楼桑廟村 楼桑庙村
lóu sāng miào cūn ロォウサァンミィアオツゥン [★☆☆]
涿州から南に7km、劉備玄徳(161〜223年)ゆかりの三義宮が残る楼桑廟村。劉備はこの桑廟村近くの大樹楼桑廟村に生まれ、貧しさに身をおきながらも、漢朝(中山王劉勝)の

Baoding 涿州城市案内

子孫を自認していた。劉備玄徳の徳を慕った関羽、張飛の3人がこの地で義兄弟の契りを交わした「桃園の誓い」は広く知られる。劉備、関羽、張飛のまつられた三義宮は唐代の897年に建てられ、その後、金、元、明、清代と繰り返し、修復されてきた。緑色の屋根瓦をもち、山門から馬神殿、正殿、後殿が軸線上にならぶ様式をもつ。また楼桑廟村から西1.5kmに張飛の故郷の張家店が位置する。

Guide,
Bao Ding Jiao Qu
保定郊外
城市案内

CHINA
河北省

華北を代表する仏塔の定州開元寺塔
「華北明珠」とたたえられる白洋淀
保定郊外への旅

定州開元寺塔 定州开元寺塔 dìng zhōu kāi yuán sì tǎ
ディンチョウカァイユゥエンスウタア [★☆☆]

保定の南西60kmの定州にそびえる高さ83.7m、十一層の開元寺塔。定州は、3～6世紀の五胡十六国（南北朝）時代に北方民族の後燕や北魏の拠点となり、華北の政治、文化の中心となった（この時代に定州でつくられた大理石の仏像、また唐宋代に定州近郊の定窯で焼かれた陶磁器も名高い）。定州開元寺塔は宋代の1055年に完成し、華北を代表する仏塔として知られてきた。この塔が完成した当時は、定州は北の遼（契丹）に対する最前線であったことから、開元寺塔にの

保定郊外城市案内

ぼって敵を偵察し、「瞭敵塔」とも呼ばれた。定州に高さ83.7mという高層建築を建てたことは、国境をはさんで敵対する遼に対して、国威を示す意味合いもあったと考えられている。

北岳廟 北岳庙 běi yuè miào ベェイユゥエミィアオ [★☆☆]
恒山北岳廟は、保定市曲陽県に位置する中国五岳のひとつ。五行思想をもとに中国の東西南北と中央に、東岳（泰山）、西岳（華山）、南岳（衡山）、北岳（恒山）、中岳（嵩山）が配置された。北岳廟は345年、恒山の山上に建てられたが、

【地図】保定郊外

【地図】保定郊外の [★★★]
- [ ] 清西陵 清西陵 チィンシイリィン

【地図】保定郊外の [★☆☆]
- [ ] 定州開元寺塔 定州开元寺塔 ディンチョウカァイユゥエンスウタア
- [ ] 北岳廟 北岳庙 ベェイユゥエミィアオ
- [ ] 安国 安国 アァングゥオ
- [ ] 白洋淀 白洋淀 バァイヤァンディエン
- [ ] 涿州 涿州 チュゥオチョウ
- [ ] 易県 易县 イイシィエン

保定郊外

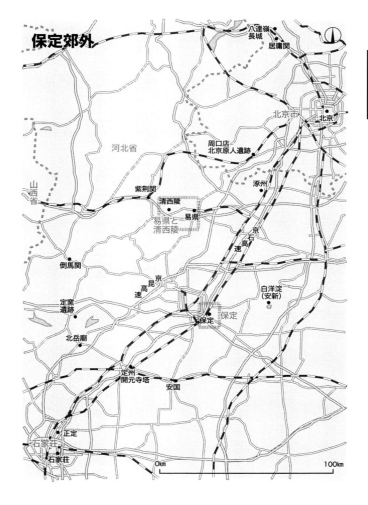

Baoding 保定郊外城市案内

CHINA
河北省

その後、山下の曲陽県に遷され、北魏（386〜534年）の宣武帝の時代からここで祭祀が行なわれるようになった（清代の1660年、北岳は山西の渾源に遷った）。北岳廟は東西321m、南北542mの敷地をもち、「神門」から「朝岳門」「飛石殿」「徳寧之殿」へと続く。正殿にあたる徳寧之殿は元代の木造建築を今に伝え、内部にある高さ8m、長さ18mの『天宮図』は元代の傑作壁画にあげられる。

保定郊外城市案内

安国 安国 ān guó アァングゥオ［★☆☆］
中国有数の漢方薬の集散地で、「薬都」「天下第一薬市」の名でも知られる安国。安国という名前は、紀元前201年、漢劉邦の開国の功臣である「安国武侯（王陵)」がこの地に封じられたことに由来する。保定の南55kmに位置し、北京、天津、石家荘といった大都市への地の利をもつ。

白洋淀 白洋淀 bái yáng diàn バァイヤァンディエン［★☆☆］
西50kmの保定からの河川が流れ込み、美しい景観を見せる湿地帯の白洋淀。「華北明珠」「北国江南」「魚米之郷」といっ

CHINA
河北省

た言葉でたたえられ、かつては天津と船で結ばれていた。白洋淀では7000年前から人類の営みが確認されており、古くは黄河の流れる流路にあたった。葦が群生し、蝦や蟹、貝、鯉、草魚などが生息することから、人びとは白洋淀の恵みを受けて生活してきた(また日中戦争時に中国共産党はここで日本軍と戦っている)。これまで河川の水量を調整し、防波堤を築くなど、白洋淀の治水は統治者にとっての重要な任務にあたったが、現在では白洋淀の水量は低下している。白洋淀の周囲には、いくつもの湿地帯がつらなり、安新がその起点となる。

城市のうつりかわり

CHINA
河北省

北京から街道にそって南に進むと
最初に現れる都会が保定
北京南大門と呼ばれてきた街の歩み

古代〜北宋代（〜12世紀）

春秋戦国時代（紀元前770〜前221年）、保定は北方の「燕」と南方の「趙」、「中山国」のはざまにあたり、保定の北50kmに燕の都（燕下都遺跡）が位置する。前漢時代には「邑」、南北朝時代には「県」があったが、場所は定まらず、隋代の598年、清苑県がおかれて以来、保定は「清苑」の名前で知られるようになった。この保定は北方民族が中国に押し寄せるなかで、重要性を増し、とくに唐末五代から軍事上の要衝という性格をもっていた。続く「北宋/遼」代は両国の国境地帯となり、北宋は960年、保定に保塞軍、981年に保州を

▲左　保定は気品ある古都。　▲右　大慈閣のそばに待機していた占い師

おいている（燕雲十六州を遼に奪われた北宋は、1004年に澶淵の盟を結んだ）。

元代（12〜14世紀）

華北は北宋から金（1115〜1234年）の統治へと遷り、その後のチンギス・ハンひきいるモンゴル族の華北侵入を受けて、1213年、保州（保定）は廃墟となった。やがて北京を都とする元朝が樹立されると、中原、江南にのぞむ保定の立地が注目され、1227年、新たに街がつくられた。これが現在まで続く保定旧城の原型で、保定（保定路）という名前も元代

CHINA
河北省

から使われはじめた。北京から続く街道が南に伸び、保定、正定（石家荘近郊）といった街が大いににぎわった。

明清時代（14 〜 20 世紀）

元末の混乱のなか、1368 年、江南から華北に攻めあがった徐達や常遇春ひきいる明軍。保定に入った明軍はここに保定府をおき、やがて明の都が南京から北京に遷都されると、保定は紫荊関、倒馬関に続く要衝となった（北直隷の地）。また明初、保定一帯は戦火などで住民が激減したことから、山西省洪洞県の槐樹からの大規模な移民が保定一帯に送り込ま

▲左　清朝皇帝の眠る清西陵は世界遺産。　▲右　北京、天津への立地から日系企業も進出する

れてきた。明に替わった清代の1669年、直隷巡撫の治所が正定（石家荘近郊）から保定に遷ると、保定は直隷省の省都となった。中国各省のなかでも一際格式の高い直隷省の政務や軍務を統括する直隷総督の都保定は華北有数の繁栄を見せていた。

近現代（19～21世紀）

太平天国の乱以後、保定の直隷省総督の地位は増して北中国に号令する立場となり、曽国藩、李鴻章、袁世凱などがその名をつらねている（直隷総督は保定にくわえて開港された天

CHINA
河北省

津を拠点とした)。1870年、直隷総督となった李鴻章は外国との交渉にあたる北洋大臣も兼ね、実質的に中国の外交、軍事の最高責任者であった。直隷省の省都という保定の地位は、清代から民国時代に遷っても続き、1937年、盧溝橋事件が起きると、軍人宋哲元は街道にそって北京から保定に退却した(また日本軍はこの街道にそって保定から石家荘へと進んだ)。戦後、保定は河北省の省都となり、小麦や綿花の集散地となっていたが、やがて1968年、省都の座を新興工業都市の石家荘にゆずった。現在、首都圏が拡大するなかで、北京と天津に近い保定の地理が注目されている。

Baoding

城市のうつりかわり

参考文献

『中国衙署文化研究』（崔勇ほか 主編・周俊紅ほか副主編 / 河北大学出版社）

『清代直隷の地域経済と李鴻章の直隷統治』（山本進 / 名古屋大学東洋史研究報告）

『東京大学東洋文化研究所所蔵清朝建築図様図録』（大田省一・井上直美 / 東京大学東洋文化研究所）

『張廉卿千字文 宮島詠士旧蔵』（宮島吉亮 / 同朋舎出版）

『宮島詠士の蓮池書院留学 -1』（杉村邦彦 / 書論）

『中国名勝旧跡事典』（中国国家文物事業管理局編 / ぺりかん社）

『古代中国を発掘する』（樋口隆康 / 新潮社）

『保定市志』（保定市地方志編纂委員会編 / 方志出版社）

『保定歴史文化的変遷』（马学禄・李漫博执笔 / 河北大学出版）

『中国のフロンティア（1）アフリカの「保定村」物語 -- 中国人農業移民』（川島真 /UP40）

『三国志の風景』（小松健一 / 岩波書店）

清西陵官网（中国語）http://www.qingxiling.com/

『世界大百科事典』（平凡社）

［PDF］保定 STAY（ホテル＆レストラン情報）http://machigotopub.com/pdf/baodingstay.pdf

まちごとパブリッシングの旅行ガイド
Machigoto INDIA , Machigoto ASIA , Machigoto CHINA

【北インド - まちごとインド】

001 はじめての北インド
002 はじめてのデリー
003 オールド・デリー
004 ニュー・デリー
005 南デリー
012 アーグラ
013 ファテープル・シークリー
014 バラナシ
015 サールナート
022 カージュラホ
032 アムリトサル

【西インド - まちごとインド】

001 はじめてのラジャスタン
002 ジャイプル
003 ジョードプル
004 ジャイサルメール
005 ウダイプル
006 アジメール（プシュカル）
007 ビカネール
008 シェカワティ
011 はじめてのマハラシュトラ
012 ムンバイ
013 プネー
014 アウランガバード
015 エローラ
016 アジャンタ
021 はじめてのグジャラート
022 アーメダバード
023 ヴァドダラー（チャンパネール）

024 ブジ（カッチ地方）

【東インド - まちごとインド】

002 コルカタ
012 ブッダガヤ

【南インド - まちごとインド】

001 はじめてのタミルナードゥ
002 チェンナイ
003 カーンチプラム
004 マハーバリプラム
005 タンジャヴール
006 クンバコナムとカーヴェリー・デルタ
007 ティルチラパッリ
008 マドゥライ
009 ラーメシュワラム
010 カニャークマリ
021 はじめてのケーララ
022 ティルヴァナンタプラム
023 バックウォーター（コッラム〜アラップーザ）
024 コーチ（コーチン）
025 トリシュール

【ネパール - まちごとアジア】

001 はじめてのカトマンズ
002 カトマンズ
003 スワヤンブナート

004 パタン
005 バクタプル
006 ポカラ
007 ルンビニ
008 チトワン国立公園

【バングラデシュ - まちごとアジア】

001 はじめてのバングラデシュ
002 ダッカ
003 バゲルハット（クルナ）
004 シュンドルボン
005 プティア
006 モハスタン（ボグラ）
007 パハルプール

【パキスタン - まちごとアジア】

002 フンザ
003 ギルギット（KKH）
004 ラホール
005 ハラッパ
006 ムルタン

【イラン - まちごとアジア】

001 はじめてのイラン
002 テヘラン
003 イスファハン
004 シーラーズ
005 ペルセポリス
006 パサルガダエ（ナグシェ・ロスタム）
007 ヤズド
008 チョガ・ザンビル（アフヴァーズ）
009 タブリーズ

010 アルダビール

【北京 - まちごとチャイナ】

001 はじめての北京
002 故宮（天安門広場）
003 胡同と旧皇城
004 天壇と旧崇文区
005 瑠璃廠と旧宣武区
006 王府井と市街東部
007 北京動物園と市街西部
008 頤和園と西山
009 盧溝橋と周口店
010 万里の長城と明十三陵

【天津 - まちごとチャイナ】

001 はじめての天津
002 天津市街
003 浜海新区と市街南部
004 薊県と清東陵

【上海 - まちごとチャイナ】

001 はじめての上海
002 浦東新区
003 外灘と南京東路
004 淮海路と市街西部
005 虹口と市街北部
006 上海郊外（龍華・七宝・松江・嘉定）
007 水郷地帯（朱家角・周荘・同里・甪直）

【河北省 - まちごとチャイナ】

001 はじめての河北省
002 石家荘
003 秦皇島
004 承徳
005 張家口
006 保定
007 邯鄲

【江蘇省 - まちごとチャイナ】

001 はじめての江蘇省
002 はじめての蘇州
003 蘇州旧城
004 蘇州郊外と開発区
005 無錫
006 揚州
007 鎮江
008 はじめての南京
009 南京旧城
010 南京紫金山と下関
011 雨花台と南京郊外・開発区
012 徐州

【浙江省 - まちごとチャイナ】

001 はじめての浙江省
002 はじめての杭州
003 西湖と山林杭州
004 杭州旧城と開発区
005 紹興
006 はじめての寧波
007 寧波旧城
008 寧波郊外と開発区
009 普陀山
010 天台山
011 温州

【福建省 - まちごとチャイナ】

001 はじめての福建省
002 はじめての福州
003 福州旧城
004 福州郊外と開発区
005 武夷山
006 泉州
007 厦門
008 客家土楼

【広東省 - まちごとチャイナ】

001 はじめての広東省
002 はじめての広州
003 広州古城
004 天河と広州郊外
005 深圳(深セン)
006 東莞
007 開平(江門)
008 韶関
009 はじめての潮汕
010 潮州
011 汕頭

【遼寧省 - まちごとチャイナ】

001 はじめての遼寧省
002 はじめての大連
003 大連市街
004 旅順
005 金州新区

006 はじめての瀋陽
007 瀋陽故宮と旧市街
008 瀋陽駅と市街地
009 北陵と瀋陽郊外
010 撫順

【重慶 - まちごとチャイナ】

001 はじめての重慶
002 重慶市街
003 三峡下り（重慶〜宜昌）
004 大足

【香港 - まちごとチャイナ】

001 はじめての香港
002 中環と香港島北岸
003 上環と香港島南岸
004 尖沙咀と九龍市街
005 九龍城と九龍郊外
006 新界
007 ランタオ島と島嶼部

【マカオ - まちごとチャイナ】

001 はじめてのマカオ
002 セナド広場とマカオ中心部
003 媽閣廟とマカオ半島南部
004 東望洋山とマカオ半島北部
005 新口岸とタイパ・コロアン

【Juo-Mujin（電子書籍のみ）】

Juo-Mujin 香港縦横無尽
Juo-Mujin 北京縦横無尽
Juo-Mujin 上海縦横無尽

【自力旅游中国 Tabisuru CHINA】

001 バスに揺られて「自力で長城」
002 バスに揺られて「自力で石家荘」
003 バスに揺られて「自力で承徳」
004 船に揺られて「自力で普陀山」
005 バスに揺られて「自力で天台山」
006 バスに揺られて「自力で秦皇島」
007 バスに揺られて「自力で張家口」
008 バスに揺られて「自力で邯鄲」
009 バスに揺られて「自力で保定」
010 バスに揺られて「自力で清東陵」
011 バスに揺られて「自力で潮州」
012 バスに揺られて「自力で汕頭」
013 バスに揺られて「自力で温州」

【車輪はつばさ】
南インドのアイラヴァテシュワラ寺院には建築本体に車輪がついていて寺院に乗った神さまが人びとの想いを運ぶと言います。

・本書はオンデマンド印刷で作成されています。
・本書の内容に関するご意見、お問い合わせは、発行元の
　まちごとパブリッシング info@machigotopub.com までお願いします。

まちごとチャイナ
河北省006保定
〜直隷総督ゆかり「気品ある古都」[モノクロノートブック版]

2017年11月14日　発行

著　者	「アジア城市（まち）案内」制作委員会
発行者	赤松　耕次
発行所	まちごとパブリッシング株式会社 〒181-0013　東京都三鷹市下連雀4-4-36 URL　http://www.machigotopub.com/
発売元	株式会社デジタルパブリッシングサービス 〒162-0812　東京都新宿区西五軒町11-13 清水ビル3F
印刷・製本	株式会社デジタルパブリッシングサービス URL　http://www.d-pub.co.jp/

MP169

ISBN978-4-86143-303-0 C0326　　　　Printed in Japan
本書の無断複製複写（コピー）は、著作権法上での例外を除き、禁じられています。